12,–

Sakina K. Sievers | Nirgun W. Loh | Bhagwati U. Siegmann

Erforsche dein Leben

Klärende Fragen auf dem Weg

ShenDo Verlag

Die in diesem Buch beschriebenen Anleitungen und Fragen zur Selbsterforschung sind von den Autoren mit größter Sorgfalt dargestellt. Es sind jedoch keine medizinischen Fragestellungen und ersetzen nicht den Rat und die Hilfe eines Arztes. Bei ungeklärten oder ernsthaften seelischen Problemen sollte unbedingt ein Arzt, Heilpraktiker oder Psychotherapeut konsultiert werden, bevor die Erforschung beginnt. Die Autoren und der Verlag übernehmen keinerlei Haftung für eine etwaige Beeinträchtigung der Gesundheit, die sich aus dem Gebrauch oder Missbrauch der in diesem Werk dargestellten Methoden ergeben könnte.

Die Deutsche Nationalbibliothek verzeichnet diese Publikation in der Deutschen Nationalbibliografie; detaillierte bibliografische Daten sind im Internet über www.dnb.de abrufbar.

Zweite Auflage

www.shendo-verlag.de

Bildquellen
Umschlag: # 4047820 – pixabay.com; Chakrasymbole – © shendo-verlag
Coverinnenseite: © shendo-verlag
Wurzelchakra: © shendo-verlag; Roxana
Sakralchakra: dred 2010; wafaa Elyazid; Sergey Galushko; # 584668; Helmut
Nabelchakra: # 8358835; Bill Houghton; lifeonwhite.com; cpdprints
Herzchakra: Franz Metelec; Evtstratenko Yuliya; Reena; Diseñador
Halschaktra: Billion Photos; Igor Stevanovic
Stirnchakra: Myst; Marlies Plank; Alban Egger; Den-Belitsky; Katya Xenikis
Kronenchakra: Alexander & Theresia Schulz; Savvapanf Photo; Prazis
alle Fotos © fotolia.com
Autorenportrait: © shendo-verlag

Lektorat: Dhirendra M. Thomae
Layout und Satz: Carola Klinke
Bildcollagen: Nirgun W. Loh

Printed in Germany
ISBN 978-3-943986-31-0

Inhalt

Erforsche dein Leben

*Und es kam der Tag, da das Risiko, in der Knospe zu verharren,
schmerzlicher wurde, als das Risiko, zu erblühen.*
Anaïs Nin

Bei den Erforschungen nutzen wir als Leitfaden die sieben Chakren. In diesen Energiezentren sind alle Facetten enthalten, die unser Leben ausmachen. Zu jedem Chakra findest du sieben Themen, symbolisiert durch die Farben des Regenbogens. Mit Hilfe der Erforschung berühren wir alle Lebensbereiche und bringen Bewusstsein in die verschiedenen Aspekte unseres Daseins. Die Fragen laden dich ein, dich einem Thema anzunähern, es zu beleuchten oder auch in der Tiefe zu erkunden. Dadurch können wir uns selbst besser verstehen. Wir gewinnen Einsichten in unsere Stärken und bringen Licht in unsere Schattenseiten, an die Punkte, denen wir bislang wenig Aufmerksamkeit gewidmet haben. So können wir innerlich reifen.

Du kannst die Fragen kontinuierlich beantworten oder dir jedes Mal ein Thema aussuchen, das dich besonders interessiert oder berührt. Es kann hilfreich sein, deine Antworten aufzuschreiben, um sie dann später noch einmal zu reflektieren. Erinnere dich immer wieder daran, freundlich zu dir zu sein. Lasse es nicht zu, dass dein innerer Kritiker deine Antworten analysiert, bewertet oder verurteilt.

Die Entdeckungsreisen zu dir selbst sind auch zu zweit möglich, über Telefon, Skype oder von Angesicht zu Angesicht. Wähle dafür einen Menschen, mit dem du gerne auf Reisen nach innen gehen möchtest und mit dem du dich regelmäßig, vielleicht einmal im Monat oder auch öfter, für eine halbe Stunde verabredest. Begebt euch für die Erforschung in einen Raum, in dem ihr ungestört seid und legt eine bestimmte Zeit fest. Diese 10 oder 15 Minuten stehen jeder/m von euch zur Verfügung, um sich für das vorgegebene Thema zu öffnen und zu erzählen. Nach der verabredeten Zeit gibt es ein Signal. Manche Themen sind vielschichtig, vielleicht benötigt ihr dafür mehrere Treffen.

Während du sprichst, lass dich von dem überraschen, was du sagst. Sei offen und lass die Antworten spontan kommen, sei neugierig auf das, was sich dir zeigen möchte. Bei der Erforschung geht es nicht darum, deine Lebensgeschichte zu erzählen. Es ist vielmehr eine Entdeckungsreise in das Hier und Jetzt.

Vielleicht fällt dir irgendwann nichts mehr ein. Dann schließe die Augen und sei eine Weile mit dir selbst. Nimm wahr, was in diesem Augenblick in dir geschieht. Was macht die Frage mit dir? Wie fühlt sich dein Körper an? Was braucht Raum? Wenn das Signal zum Beenden der Erforschung ertönt, komme mit den nächsten Sätzen zum Abschluss.

Sollte dich ein Thema so tief berühren, dass du an deine Grenzen stößt und du das Gefühl hast, nicht allein weiterzukommen, habe den Mut, dir Hilfe zu suchen, sei es durch Beratung, eine Selbsthilfegruppe oder auch durch Psychotherapie. Sich Unterstützung zu holen ist ein Zeichen, dass du gut für dich sorgst.

Beim Zuhören lausche einfach, aufmerksam und liebevoll, ohne zu kommentieren oder zu bewerten, höre nur zu. Stelle dir vor, dein Herz hätte Ohren bekommen. Diese stille Präsenz vertieft die Erforschung. Du brauchst nicht im Detail zu verstehen, was dein Partner/deine Partnerin sagt. Es genügt, in Kontakt zu bleiben. Über die Inhalte von dem, was in der Erforschung erzählt wurde, wird danach nicht diskutiert. Und es bleibt unbedingt und absolut vertraulich!

Dieses Buch ist eine Einladung, das Geheimnis deines inneren Regenbogens zu erkunden. Wir wünschen dir dabei Mut, Neugier und ganz viel Freude.

Wurzelchakra

Wurzelchakra

Körperbereich
Beckenboden, Beine, Füße, Knochengerüst, Nebennieren

Aufgaben
sich im Körper zuhause fühlen und ihn gesund erhalten
für sich selbst sorgen
sich den Anforderungen des Lebens stellen
genügend Geld verdienen, um das Überleben zu sichern

Qualitäten
»Ja« zum Leben
Urvertrauen
Erdung, Stabilität, Sicherheit
Ausdauer, Beständigkeit
Naturverbundenheit
starker Lebenswillen, gute körperliche Konstitution, sexuelle Kraft

unerlöst
Unsicherheit, schwache Erdung
existenzielle Angst, wenig Vertrauen
Kampf ums Leben
Gefühl der Heimatlosigkeit
geringe Sexualenergie

mögliche Symptome
schwache körperliche Konstitution, chronische Erschöpfung
geringe Immunabwehr
Schwäche der Beine und des Beckenbodens
Osteoporose

Körper

Unser Körper ist unser Zuhause. Wenn wir uns in ihm wohlfühlen, finden wir ein »Ja« zum Leben. Ihm mit Freundlichkeit zu begegnen und gut für ihn zu sorgen, bringt uns in den gegenwärtigen Moment. Indem wir seine Lebendigkeit wahrnehmen, nimmt das Geplapper unseres Verstandes ab. Doch oft haben wir verlernt, ihn zu spüren und auf seine Bedürfnisse zu achten. Mit der folgenden Erforschung lausche, was er dir zu sagen hat, denn er hat seine eigene Weisheit.

Erforschung

- Wie siehst du deinen Körper? Wie sollte er sein? Was schätzt du an ihm? Was lehnst du an ihm ab?
- Fühlst du dich in deinem Körper wohl und zuhause? Kannst du ihn als Freund sehen und ihm liebevolle Aufmerksamkeit zukommen lassen?
- Fühlst du dich innerlich stark, bereit, dich Herausforderungen zu stellen? Fühlt sich deine Sexualität lebendig und kraftvoll an? Hast du ein stabiles Nervenkostüm, das dich Schwierigkeiten gelassen gegenübertreten lässt? In welchen Bereichen des Lebens spürst du deine Kraft und Vitalität?
- Oder fühlst du dich eher unsicher, energielos und schwach und dem Leben nicht gewachsen? In welchen Momenten tritt diese Schwäche auf? Was bringt deine körperliche und seelische Widerstandskraft an ihre Grenzen?
- Spüre in deinen Körper hinein. Wo braucht er deine Zuwendung? Was hilft dir dabei, ihn bewusst wahrzunehmen?
- Womit kannst du ihn unterstützen? Welche Nahrung, Körperübungen, Meditationen tun ihm gut?

Erdung

Eine gute Erdung bedeutet mit beiden Beinen fest im Leben zu stehen. Verwurzelt wie ein mächtiger Baum, finden wir Sicherheit und Stabilität, ohne uns dafür anstrengen zu müssen. Mit dieser Bodenhaftung haben wir einen kühlen Kopf und warme Füße und stehen auf dem Boden der Tatsachen. Dadurch entsteht ein gutes Verhältnis zu den materiellen Dingen des Lebens. Wir können für uns selbst sorgen.

Erforschung

- Bist du gut verwurzelt? Oder fühlst du dich eher unsicher und stehst auf wackeligen Beinen?
- Fällt es dir leicht, Dinge praktisch umzusetzen und in deiner Realität zu manifestieren?
- Was gibt dir Halt in deinem Leben? In welchen Momenten spürst du eine Verbindung zur Kraft der Erde? Kennst du das Gefühl, über deine Beine und Füße an eine Kraftquelle angeschlossen zu sein?
- Wie ist deine Beziehung zu den materiellen Dingen des Lebens? Was sind deine Überzeugungen bezüglich materiellen Reichtums?
- Verdienst du genug, um deine Existenz zu sichern? Kannst du für dich selbst sorgen und die Verantwortung für dein Leben übernehmen? Oder beschleicht dich oft die Angst, nicht genügend Geld zu haben?
- Was kannst du tun, um deine Erdung zu unterstützen? Welche Übungen, welche tägliche Praxis, welcher Ort hilft dir dabei, dich zu erden und zu entspannen? Vielleicht ist es für dich wichtig, langsamer zu werden, spazieren zu gehen, barfuß zu laufen, regelmäßig zu essen ...?

Verbindlichkeit

Verbindlichkeit bedeutet Disziplin und Ausdauer zu entwickeln, um beharrlich an etwas dranzubleiben, das uns wichtig ist. Wir gehen eine innere Verpflichtung ein und halten durch, sodass wir eine Sache oder einen Menschen nicht fallen lassen, wenn es mal schwierig wird. Diese Beständigkeit schenkt uns Kontinuität auf unserem Lebensweg und gibt uns das Gefühl: »Ich kann mir vertrauen.«

Erforschung

- Wie wichtig ist Verbindlichkeit für dich? Worauf kannst du dich wirklich einlassen?
- Hast du ein Durchhaltevermögen, durch das du an einer Sache bis zum Ende dranbleibst? Oder gibst du schnell auf?
- Sabotierst du bisweilen deine Verbindlichkeit und wie machst du das? Hast du Schwierigkeiten, dich auf etwas einzulassen und Hindernisse auszuhalten?
- Hat deine Verbindlichkeit immer mit dir und deinem Lebensweg zu tun oder zeigst du dich mitunter einem Menschen oder einer Sache gegenüber verbindlich, obwohl sie nichts mit dir zu tun haben? Bist du da ehrlich zu dir selbst?
- Was brauchst du, um dabeizubleiben und nicht verloren zu gehen bei all den Ablenkungen im Alltag? Kannst du dir selbst eine Struktur geben, beispielsweise durch regelmäßige Mahlzeiten, Körperübungen oder Meditation?
- In welchen Bereichen wärst du gerne disziplinierter? Welche innere Verpflichtung würde dich im Moment unterstützen und dir guttun? Was kann dein Durchhaltevermögen bestärken?

Angst

Angst entsteht, wenn unsere grundlegenden (Über-)Lebensbedürfnisse nicht erfüllt werden. Tritt sie jedoch ohne einen direkten Anlass auf oder besteht sie nach einem als bedrohlich empfundenen Ereignis schleichend fort, versetzt uns das in eine erhöhte Alarmbereitschaft, die uns überall Gefahren wittern lässt und unsere Muskulatur verspannt.

Die Grundängste des Menschen hängen alle mit der Angst vor dem Tod zusammen. Diese Angst, das Leben zu verlieren, ist jedem Menschen mehr oder weniger vertraut. Doch häufig wenden wir uns vom Thema Sterblichkeit ab und möchten so wenig wie möglich damit zu tun haben. Aber erst, wenn wir dem Tod ins Auge blicken und in einer spirituellen Erfahrung die Erkenntnis gewinnen, dass unsere Seele unsterblich ist, löst sich die Angst vor dem Sterben auf.

Erforschung

- Bist du mit dem Gefühl der Angst vertraut? Welche Ängste kennst du aus eigenem Erleben? Welche Situationen ängstigen dich am meisten? Wie fühlt sich Angst in deinem Körper an?
- Wirst du leicht misstrauisch? Witterst du überall Gefahren?
- Was löst folgender Satz in dir aus: »Die Angst vor dem Tod entsteht aus ungelebtem Leben?« Welche Vorstellungen hast du vom Tod? Bist du ihm schon mal begegnet? Wie hat sich das angefühlt?
- Hast du schon einmal erlebt, dass Angst ein wichtiger Ratgeber in deinem Leben war?
- Wann hast du schon mal eine große Angst überwunden und was hat dir dabei geholfen?

Vertrauen

Vertrauen in uns selbst und in das Leben schenkt uns Sicherheit und gibt uns das Gefühl, am richtigen Ort zu sein und das Richtige zu tun. Normalerweise vertrauen wir einem Menschen so lange, wie er sich auf eine bestimmte Weise verhält, und verlieren dieses Vertrauen, wenn er sein Verhalten oder seine Ansicht ändert. Wahres Vertrauen kann jedoch durch nichts erschüttert werden. In einem vertrauensvollen Zustand erkennen wir, dass alles, was geschieht, einen Sinn hat. Das lässt uns Dankbarkeit erfahren.

Erforschung

- Wann vertraust du und wie fühlt sich das an?
- Kennst du Urvertrauen? Hast du das Vertrauen, dass die Existenz dich unterstützt?
- Wie ist es mit deinem Vertrauen in dich selbst? Spürst du eine Zuversicht, dein Leben meistern zu können?
- Wer sind die wichtigsten Vertrauenspersonen in deinem Leben?
- In welchen Situationen verlierst du dein Vertrauen und wirst misstrauisch?
- Hast du schon mal die Erfahrung gemacht, dass dein Vertrauen »missbraucht« wurde? Beeinflusst diese Erfahrung dein Vertrauen heute noch? Meinst du, dass du die Dinge selbst in die Hand nehmen musst, damit sie sich in deinem Sinn entwickeln?
- Berücksichtigst du eher negative Erfahrungen bei deinen Entscheidungen oder denkst du: »Wird schon werden«?
- Wie hast du Vertrauen in deiner Kindheit erfahren? Wem hast du damals vertraut?

Unterstützung

Unterstützung ist die Basis für Vertrauen in uns selbst und in die Existenz. Wenn wir als Kind wenig Unterstützung erfahren haben und uns niemand den Rücken gestärkt hat, als wir uns hinaus in die Welt gewagt haben, gehen wir später unsicher und auf wackeligen Beinen durchs Leben. Dann versuchen wir, uns von außen zu stabilisieren. Vielleicht schließen wir ein breites Spektrum an Versicherungen ab oder wir bleiben in Arbeitsverhältnissen und Beziehungen lieber auf der sicheren Seite. Das hindert uns zwar daran, uns zu entfalten, gibt uns aber eine gewisse Absicherung. Erst wenn wir in uns selbst Halt finden, hoffen wir nicht mehr auf Unterstützung von außen. Es wächst das Vertrauen: »Ich habe, was es braucht, um mich in der Welt zu behaupten!«

Erforschung

- Von wem und wodurch fühlst du dich unterstützt? Was tust du, um Unterstützung zu finden?
- Welche Unterstützung hast du als Kind erfahren? Wurdest du darin unterstützt, der zu sein, der du bist?
- In welchen Momenten in deinem Leben hast du keine Unterstützung erhalten? Wann hast du dich allein gelassen und hilflos gefühlt?
- Wie bist du damit umgegangen? Welche Strategien hast du entwickelt, um deine Unsicherheit nicht zu fühlen?
- Wie sieht die ideale Unterstützung aus, die du gerne hättest?
- Was stärkt dir jetzt den Rücken? Was gibt dir das Gefühl, gehalten zu werden?

Vater

In seiner archetypischen Rolle sollte ein Vater seinem Kind den Rücken stärken und ihm Orientierung für das Leben anbieten. Das muss nicht unbedingt der biologische Vater tun. Wichtig ist die männliche Energie, die eine klare, unterstützende Struktur vermittelt und dem Kind Halt gibt. Haben wir als Kind so eine Rückendeckung, fällt es uns leichter, in die Welt hinauszugehen und uns ihren Herausforderungen zu stellen. Mit diesem Gefühl von Sicherheit haben wir den Mut, für das einzustehen, was wir sind. Dann kommen wir in der Welt zurecht, müssen nicht um unser Überleben kämpfen und können für uns selbst sorgen.

Erforschung

- Wie ist das Verhältnis zu deinem Vater?
- Wie hast du deinen Vater in der Kindheit erfahren? War er für dich da oder eher abwesend? Hat er dich wertgeschätzt? Hat dir dein Vater Rückmeldung gegeben – sowohl positiv als auch negativ? Hat er dich ermutigt, zu dir, deinen Talenten, deiner Sichtweise zu stehen? Oder war er sehr dominant und hat versucht dich kleinzuhalten?
- Hat dir dein Vater »die Welt erklärt«? Hat er dich dabei unterstützt, in die Welt hinauszugehen und dich dort zurechtzufinden? Hat er dir Halt gegeben, deinen Rücken gestärkt? Oder warst du früh auf dich selbst gestellt und musstest alles allein herausfinden?
- Wie beeinflusst er dein Leben heute? Sehnst du dich nach väterlicher Anerkennung? Wünschst du dir eine Vaterfigur? Wie müsste deiner Meinung nach ein idealer Vater sein? Welche väterlichen Eigenschaften brauchst du heute noch?

Sakralchakra

Sakralchakra

Körperbereich
Unterbauch, Kreuzbein, Becken, Niere, Blase, Eierstöcke, Hoden

Aufgaben
das Leben mit allen Sinnen genießen
die Leichtigkeit des Seins entdecken
Gefühle erlauben und sie fließen lassen
Weiblichkeit leben

Qualitäten
Lebensfreude
Sinnlichkeit, Genussfähigkeit
emotionale Offenheit
kreative Schöpferkraft
Geborgensein
kindliches Staunen über das Wunder des Lebens
lustvolle Sexualität

unerlöst
emotionaler Schmerz
Gefühllosigkeit
Co-Abhängigkeit, Verlustangst
Schock und Scham
Genussunfähigkeit oder Genusssucht

mögliche Symptome
Nieren- und Harnwegserkrankungen
Menstruations- oder Prostatabeschwerden
Schmerzen im Bereich der Lendenwirbelsäule und des Kreuzbeins

Fühlen

Wir verfügen über eine große Bandbreite an Gefühlen, die alle wahrgenommen, zugelassen und ausgedrückt werden möchten. Doch manche unterdrücken wir, weil sie uns unangenehm sind. Fühlen bedeutet aber, alle Gefühle anzunehmen, die schönen und die schmerzlichen. Kehren wir die »schlechten« Gefühle unter den Teppich, verlieren wir auch den Zugang zu den »guten« und unsere emotionale Lebendigkeit geht verloren. Um wieder einen Zugang zu unserer Empfindungsfähigkeit zu erlangen, ist eine bewusste Wahrnehmung über unsere Sinne sehr hilfreich. Das sinnliche Erleben durch achtsames Sehen, Hören, Riechen, Spüren und Schmecken lehrt uns nicht nur das Fühlen, sondern schenkt uns auch Genuss und Freude.

Erforschung

- Kannst du dich in Sinnesfreuden fallen lassen und sie auskosten – die warme Dusche, den duftenden Kaffee, das Stück Schokolade? Wie geht es dir mit zärtlicher Berührung? Kannst du sie genießen oder lässt sie dich eher kalt? Wobei erlebst du ein kindliches Staunen über das Wunder des Lebens? Was bereitet dir Genuss und Vergnügen?
- Wie äußern sich Gefühle bei dir? Wirst du leicht emotional? Bringen dich Gefühle schnell aus dem Gleichgewicht? Überschwemmen sie dich bisweilen, sodass du nichts anderes mehr mitbekommst? Fühlst du dich lebendiger, wenn deine Gefühle das Steuer übernehmen?
- Oder hältst du dich eher für gefühlskalt? Weichst du dem Fühlen aus, weil es durch kummervolle Erfahrungen zu schmerzhaft geworden ist?
- Was ist dir näher: Gefühle oder das Nachdenken über etwas?

Bedürfnisse

Ein Mensch zu sein bedeutet, Bedürfnisse zu haben, nicht nur nach Nahrung, Schutz und Wärme, sondern auch nach Liebe, Freiheit, Lebensfreude, Anerkennung und Entfaltung. Oft trauen wir uns nicht, uns diese wahren Bedürfnisse einzugestehen, geschweige denn sie auszusprechen. Häufig sind sie uns nicht einmal bewusst. In unserem hektischen Alltag mit all den vielen Ablenkungen verlieren wir den Zugang dazu, oder wir kompensieren sie mit Alkohol, Essen oder anderem. Der erste Schritt, um unsere Beziehung zu unseren Wünschen und Sehnsüchten zu heilen, ist anzuerkennen, dass wir »bedürftig« sind.

Erforschung

- Wie stehst du zu deinen Bedürfnissen? Bist du dir ihrer bewusst? Welche Bedürfnisse spürst du am deutlichsten? Übernimmst du für sie Verantwortung? Kannst du deine Bedürfnisse selbst befriedigen oder brauchst du andere dafür? Musst du sie verstecken oder kannst du zu ihnen stehen? Fühlst du dich so bedürftig wie jemand, dessen Taschen Löcher haben?
- Wie geht es dir, wenn Bedürfnisse auftreten? Erwartest du, dass sie erfüllt werden? Oder abgelehnt? Oder traust du dich erst gar nicht, deine Bedürfnisse zu äußern? Schränkst du sie ein, weil sie sowieso nicht beachtet werden? Soll dir jemand deine Wünsche von den Augen ablesen?
- Wie geht es dir, wenn du nicht bekommst, was du möchtest oder brauchst? Denkst du, dass es deine Schuld ist? Bekommst du dann schlechte Laune? Wirst du wütend? Versuchst du andere zu manipulieren?
- Wie reagierst du auf die Bedürfnisse anderer? Hast du dich schon einmal ausgelaugt gefühlt von ihren Erwartungen?

Beziehungen

Wir alle sehnen uns nach Nähe und Verbundenheit. Doch unsere Beziehungen bergen große Herausforderungen. Sie konfrontieren uns mit den Themen Nähe, Loslassen, Abhängigkeit, Sexualität und vielem mehr. Durch das Verhalten anderer werden unsere eigenen Empfindlichkeiten und alte Verletzungen berührt. Bringen wir jedoch Bewusstsein in unsere Beziehungen, wird der Weg geebnet zu einer nährenden Tiefe und Verbundenheit. Dazu gehören Respekt und Zuneigung und die Fähigkeit, Nähe zuzulassen und auch allein sein zu können.

Erforschung

- Wie geht es dir in deinen Liebesbeziehungen? Welche Schwierigkeiten und Verletzungen tauchen immer wieder auf?
- Passt du dich meist an? Gerätst du eher in eine Abhängigkeit, anstatt deinen eigenen Weg zu gehen? Auf welche Kompromisse lässt du dich ein? Bleibst du länger in Beziehungen, an Orten oder Arbeitsplätzen als es dir guttut? Erträgst du eine ungute Beziehung, um auf keinen Fall allein zu sein?
- Wen oder was nimmst du wichtiger als dich selbst? Wie fühlt sich das an? Verlierst du dadurch deine Selbstachtung?
- Nimmst du dich aus Angst vor Konflikten eher zurück, um Beziehungen nicht zu gefährden? Was ist dir wichtiger im Zusammenleben: Harmonie oder Authentizität? Fühlst du dich als Opfer in deinen Beziehungen oder begegnest du dem anderen auf Augenhöhe?
- Oder hast du Angst davor, dich zu binden und lässt dich daher gar nicht erst auf eine Beziehung ein? Fällt es dir schwer, Nähe zuzulassen?
- Was bedeutet Freundschaft für dich?

Symbiose

In einer gesunden Beziehung braucht es beides: Nähe und Alleinsein, die Fähigkeit, sich zu öffnen und Verbundenheit herzustellen und gleichzeitig unabhängig zu sein. Doch oft fällt es uns schwer, uns ganz auf einen anderen Menschen einzulassen und dabei uns selbst nicht zu verlieren. Im »negativen Verschmelzen« nehmen wir, meist unbewusst, die Gefühle des anderen als unsere eigenen wahr, können keine klaren Grenzen ziehen und werden dadurch von der Außenwelt überflutet. Oder wir haben Angst vor Abhängigkeit und Hingabe und werden dadurch beziehungsunfähig.

Erforschung

- Kannst du dich ganz auf jemanden oder etwas einlassen? Wo erlebst du auf positive Weise das Gefühl zu »verschmelzen«? In der Natur, Musik, Meditation, im Tanz, im Sex ...?
- Kannst du dich ganz natürlich aus einer Verschmelzung lösen und ins Alleinsein wechseln? Oder gehst du völlig in dieser Symbiose auf, sodass du dich selbst nicht mehr wahrnimmst? Ist deine Sehnsucht so groß, dass Nähe gar nicht nah genug sein kann?
- Fällt es dir leichter, dich in andere hineinzufühlen als in dich selbst? Nimmst du oft Gefühle und Stimmungen auf, die nicht deine eigenen sind? Bist du dir deiner Grenzen bewusst?
- Unterdrückst du dein Bedürfnis nach Nähe, weil du dich vor Abhängigkeit fürchtest? Hast du Angst, dich zu verlieren? Sind deine Grenzen schon einmal verletzt worden? Musst du sie deswegen heute besonders schützen? Oder findet Nähe hauptsächlich in deinen Wunschträumen statt, aber nicht in der Realität?

Trennung

Trennungen, Abschiede und Loslassen machen uns oft Angst, denn sie sind vielfach mit dem Gefühl verbunden, allein zurückgelassen zu werden. Um jedoch einen gesunden, authentischen Kontakt zu einem anderen Menschen zu finden, ist es wichtig zu lernen, auch allein sein zu können. Die ersten Schritte dazu üben wir schon sehr früh. Ein Kind, das in der Anfangszeit seines Lebens eine erfüllende Symbiose mit seiner Mutter erlebt hat, zeigt ganz natürlich irgendwann den Wunsch, eigene Schritte zu unternehmen. Es entfernt sich, zunächst nur für kurze Zeit, von seiner Mutter und kann die so gewonnene Freiheit genießen.

Erforschung

- Wie erfährst du Trennungen? Wie fühlt es sich an, dich zu trennen oder getrennt zu sein? Kannst du Trennungen als natürliche Begleitung auf dem Lebensweg annehmen oder erlebst du sie als schwere Erschütterungen, die dich aus der Bahn werfen?
- Wie groß ist deine Angst, Menschen, die du liebst, zu verlieren? Fällt es dir schwer, dich mit der Endgültigkeit eines Abschieds zu konfrontieren? Trauerst du lange? Fühlst du dich im Alleinsein wie von anderen zurückgelassen?
- Wie ist es in deinen Beziehungen? Trennst du dich eher zu früh oder zu spät? Was bist du bereit zu tun und zu geben, um eine Trennung zu verhindern? Würdest du dich dafür verbiegen? Oder gehst du lieber, bevor eine Trennung zu schmerzhaft wird? Gehst du, ohne dich umzuschauen?
- Hast du Schuldgefühle, wenn du allein sein willst?
- Welche Trennungen hast du als Kind erlebt? Erinnere dich an Situationen, in denen du Trennungen erfahren hast.

Geborgenheit

In unseren ersten Lebensjahren sind wir ganz auf die Fürsorge unserer Eltern angewiesen. Wir erleben Geborgenheit durch ihre körperliche Nähe, Fürsorge, Zärtlichkeit und Liebe. Es ist das Gefühl, zuhause und willkommen zu sein. Häufig geht dieses Gefühl im Laufe des Erwachsenwerdens verloren. Dann bleibt die Sehnsucht danach und die Suche nach einem Zuhause.

Erforschung

- Wann fühlst du dich rundum geborgen? Welche Bedingungen müssen erfüllt sein, damit du das erlebst?
- Was bedeutet ein Zuhause für dich? In welchen Momenten hast du das Gefühl, zuhause zu sein? Was braucht es, damit ein Ort, eine Situation zu deinem Zuhause werden? Wie wichtig ist ein Zuhause für dich?
- Ist dein Zuhause eher ein emotionaler Ort oder ein Heim, das du nach deinen Bedürfnissen gestaltet hast? Oder gehört beides zusammen?
- Wann verlierst du dieses Gefühl? Wie entfernst du dich von deinem Zuhause?
- Wie war – und ist – die Atmosphäre in deiner Familie? In welchen Momenten und mit welchen Menschen hast du dich als Kind geborgen gefühlt? Wo hast du Trost gefunden?
- Welchen Raum nimmt dein inneres Kind in deinem Leben ein? Fühlt es sich wohl bei dir? Kannst du dir selbst eine gute Mutter sein?
- Hast du schon mal erlebt, in deiner Mitte zu ruhen? Wie hat sich das angefühlt? Was unterstützt dich dabei, deine Mitte zu finden?

Mutter

Die Mutter ist unsere erste und wichtigste Bezugsperson. In den neun Monaten im Mutterleib und im ersten Lebensjahr erfahren wir uns als vollkommen eins mit ihr und entwickeln noch keine losgelöste Identität. Das Verhältnis zu ihr prägt uns nachhaltig in unseren späteren Beziehungen und der Fähigkeit, für unser Wohlbefinden zu sorgen. Für Töchter ist die Mutter zudem ein wesentliches Rollenmodell in ihrer Entwicklung zur Frau.

Erforschung

- Wie ist dein Verhältnis zu deiner Mutter? Kannst du ihr entspannt begegnen oder spürst du in ihrer Nähe eine emotionale Ladung? Wo sind die größten Reibungspunkte?
- Sehnst du dich manchmal nach ihr, danach, von ihr umsorgt und verwöhnt zu werden? Oder hast du das Gefühl, dich abgrenzen zu müssen?
- Wie müsste deiner Meinung nach eine ideale Mutter sein? Entspricht deine Mutter diesem Bild? Hast du etwas vermisst bei ihr?
- Was liebst du besonders an deiner Mutter? Welches waren die schönsten Augenblicke mit ihr, an die du dich erinnerst?

Für Frauen:

- Wo ähnelst du deiner Mutter? Welche Eigenschaften, Vorlieben und Abneigungen hast du von ihr übernommen? Ist dir das angenehm oder stört dich das?
- Was hast du von deiner Mutter gelernt? Welches Männerbild hast du von ihr übernommen? Wie hat sie dich darin unterstützt, zu einer Frau heranzuwachsen und deine Weiblichkeit zu entwickeln?

MIRROR ARE CLOSER
THEY APPEAR

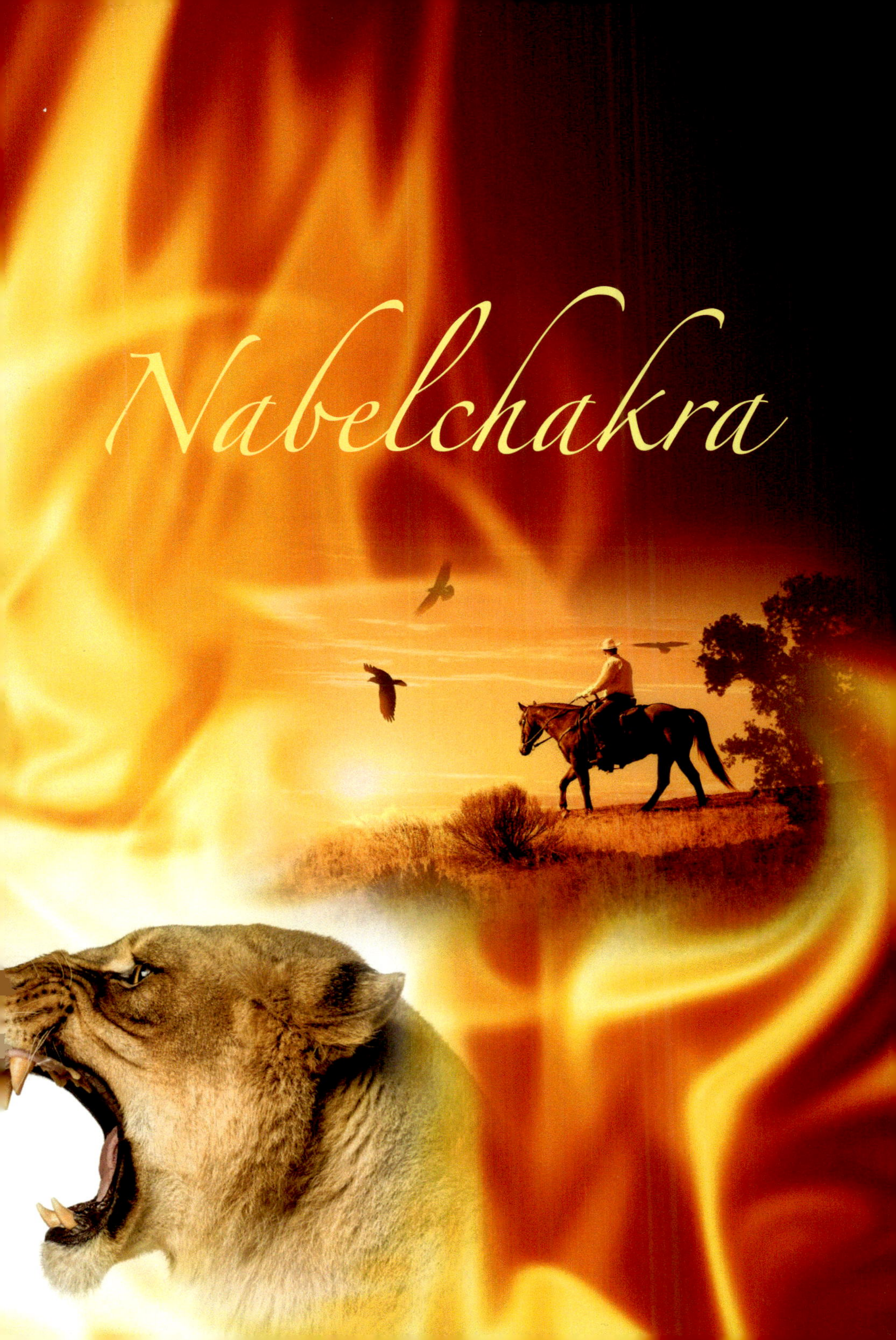
Nabelchakra

Nabelchakra

Körperbereich
Oberbauch, Solarplexus, Magen, Darm, Leber, Gallenblase
Bauchspeicheldrüse

Aufgaben
seine Individualität erkennen und wertschätzen
sein Leben in die Hand nehmen
Pläne und Ideen verwirklichen

Qualitäten
persönliche Macht und Kraft, Willensstärke
gesundes Selbstvertrauen
Individualität, Originalität
Durchsetzungskraft, Selbstverwirklichung
Entscheidungsfähigkeit, Entschlossenheit

unerlöst
Machtkämpfe und Machtmissbrauch
Opferhaltung
Konkurrenzverhalten
Leistungsdenken, übertriebener Ehrgeiz
Kontrollsucht, Manipulation
Kritik und Urteil

mögliche Symptome
Magenbeschwerden, Reizdarmsyndrom
Erkrankungen von Leber und Gallenblase
Blutzuckerschwankungen
Schmerzen im Bereich des mittleren Rückens

Individualität

Unsere Individualität zu entfalten, bedeutet unsere Talente und Fähigkeiten zu leben und den eigenen Weg zu gehen. Doch einzigartig zu sein, wird meist nicht wertgeschätzt. Wir gewinnen mehr Anerkennung, wenn wir bescheiden und so wie alle anderen sind. Dadurch sind wir mehr mit unseren Begrenzungen identifiziert als mit der eigenen Größe. Wir bekommen Angst, andere zu stören, beginnen uns zu kontrollieren und einzuschränken. Unsere Einzigartigkeit zu leben heißt jedoch, den Kopf aus der Masse zu heben und mutig unseren Raum einzunehmen. Das ist mit großer Freude verbunden.

Erforschung

- Was ist einzigartig an dir? Hast du den Mut, dich in deiner Einzigartigkeit zu zeigen? In welchen Situationen erstrahlst du?
- Bist du dir deiner Größe bewusst? Erlaubst du dir, Raum einzunehmen? Oder versuchst du eher unauffällig zu sein?
- »Shrink to fit!«? Wie »schrumpfst« du, versteckst und bremst du dich aus. Kennst du die Angst, »zu viel« zu sein? Wann sabotierst du dich dabei, du selbst zu sein? Hast du Angst vor deiner eigenen Größe? Für wen oder was hast du dich als Kind klein gemacht?
- Wo hältst du dich zurück – in deinen Beziehungen, bei der Arbeit? Wo lässt du anderen den Vortritt und gibst vor, dass es dir nichts ausmacht, hintenan zu stehen?
- Was findest du großartig an dir? Welche deiner besonderen Talente begeistern dich? Worin besteht deine Besonderheit? Drückst du sie im Alltag aus? Leitet sie dich in deiner Kreativität, in deinen Beziehungen, in deiner Arbeit? Bekommst du Anerkennung für deine Besonderheit?

Image

Der Schein ist in unserer Gesellschaft wichtiger als das Sein. Wir vergessen dabei, dass unser Image nur eine leere Hülle ist, mit der wir Eindruck schinden wollen. Dieses »positive« Bild von uns gleicht einer schön bemalten Fassade. Wir zeigen sie gerne nach außen, sie trägt jedoch kein Leben in sich. Gleichzeitig versuchen wir die Eigenschaften und Verhaltensweisen, die nicht in dieses Bild passen, zu verbergen. Es ist so, als würden wir eine Maske tragen, hinter der wir unser wahres Selbst verstecken.

Erforschung

- Wie würdest du gerne sein? Wie möchtest du von anderen gesehen werden? Wie präsentierst du dich in der Welt und wie fühlst du dich damit? Hast du den Wunsch, anderen zu zeigen, dass du *jemand* bist?
- Wie nimmst du dich selbst wahr, wie ist dein inneres Bild von dir? Wie sehr unterscheidet es sich von dem, was du nach außen hin zeigst? Gibt es Konflikte zwischen innerem und äußerem Bild, und wie gehst du damit um? Welche Eigenschaften und Verhaltensweisen von dir versuchst du vor anderen zu verstecken und was passiert, wenn sie zum Vorschein kommen? Woher kommt dieses Bild, das du gerne abgeben möchtest? Ist es aus dir heraus entstanden oder wird es aus dem genährt, was dir im außen begegnet ist?
- Wie sehr strengst du dich an, um dieses Image aufrechtzuerhalten? Ist es schon mal zusammengebrochen? Wie fühlt es sich an, es nicht zu erfüllen?
- Wie war es in deiner Kindheit – wurdest du ermutigt, du selbst zu sein? Oder kommen dir Begebenheiten aus deiner Kindheit in den Sinn, wo Eigenheiten von dir abgelehnt und bestraft wurden?

Anstrengung

Um gesehen und anerkannt zu werden, reicht es meist nicht aus, einfach nur wir selbst zu sein. Wir müssen uns enorm anstrengen, Leistung erbringen und möglichst Erfolg haben. Wie sehr wir uns dabei aufreiben, ist uns nicht bewusst. Wir bemerken es erst, wenn unser ständiges Bemühen uns so erschöpft, dass wir selbst Ruhephasen nicht mehr genießen können. Wenn die Anstrengung in unserem Leben groß ist, ist es gut, langsamer zu werden – so wie ein Kamel, das Schritt für Schritt gemächlich und beständig durch die Wüste wandert.

Erforschung

- Wo in deinem Leben strengst du dich an?
- Hast du hohe Erwartungen an dich selbst? Strebst du an, perfekt zu werden? Vergleichst du dich oft mit anderen? Glaubst du besser sein zu müssen, oder fühlst du dich eher unterlegen? Hast du durch deinen Anspruch eine gewisse Härte oder Strenge entwickelt?
- Woher kommt dieser Antreiber? Hast du dich schon mal so sehr angestrengt, dass du hinterher zusammengebrochen bist?
- Stelle dir ein Leben ohne Anstrengung vor. Taucht da die ängstliche Frage auf: »Wer bin ich ohne Anstrengung?«
- Was tust du, um Anerkennung zu finden? Wo versuchst du, etwas darzustellen, um gesehen zu werden? In deiner Familie, Arbeit, Beziehung, Gemeinschaft?
- In welchen Momenten kannst du all dein Tun und Machen fallenlassen? Brauchst du dafür Ablenkung durch Filme, soziale Medien, Shopping oder Genussmittel wie Alkohol oder Süßigkeiten?

Willenskraft

Mit einem starken Willen sind wir Meister des eigenen Geschicks. Wir gestalten eigenverantwortlich unser Leben, verwirklichen Ziele und Absichten und sind bereit, für das, was uns wichtig ist, einzustehen. Oft ist das jedoch mit dem Gefühl verbunden: »Die Dinge müssen sich so entwickeln, wie ich es will!« Dieser Wille, etwas Bestimmtes erreichen zu wollen, hat mit Rechthaben zu tun: »Mein Weg ist der richtige!« Dafür müssen wir uns natürlich anstrengen, was einhergeht mit einer körperlichen Anspannung vor allem im Bereich des Oberbauchs.

Vielen Kindern ist es nicht erlaubt, ihren eigenen Willen zu haben, er wird von den Eltern gebrochen. Dadurch lernen sie, dass sie die Wahl haben, entweder geliebt zu werden oder ihren eigenen Willen zu haben.

Erforschung

- Fällt es dir leicht, deinen Willen klar und deutlich auszudrücken? Traust du dich für das einzustehen, was du wirklich willst? Was tust du, um zu erreichen, was du willst? Wie geht es dir, wenn du es nicht bekommst?
- Willst du in Beziehungen deinen Willen durchsetzen? Bist du dominant und kontrollierend und gehst ohne Rücksicht deinen Weg? Oder fühlst du dich eher willensschwach und machtlos? Möchtest du es anderen recht machen und verzichtest dafür auf deinen Willen?
- Durftest du als Kind einen eigenen Willen haben? Wieviel Raum hattest du dafür? Was musstest du tun, um deinen Willen durchzusetzen, welche Strategien hast du entwickelt? Hast du dafür andere manipuliert, einen Wutanfall bekommen, offen rebelliert oder hast du eher passiven Widerstand geleistet?

Macht

Wahre Macht verleiht uns die Stärke, uns selbstbestimmt nach eigenen Vorstellungen zu verwirklichen. Doch nur wenige Menschen haben ein positives Verhältnis zur Macht. Wir assoziieren Macht mit Gewalt, Missbrauch, mit den Rollen von Tätern und Opfern. Damit möchten wir nichts zu tun haben und schneiden uns von der Macht ab. Vielleicht haben wir als Kind Machtmissbrauch erlebt, wurden klein gehalten und erniedrigt und haben deshalb heute Angst davor, selbst Macht auszuüben.

Auch Opfer können sehr viel Macht besitzen und mit Vorwürfen und Schuldzuweisungen ihren Groll nach außen richten. So vermeiden sie, den ursprünglichen Schmerz zu fühlen.

Erforschung

- Welche Vorstellungen hast du von Macht, welchen Wert hat sie für dich? Ist sie erstrebenswert? Hast du Angst davor, machtvoll zu sein? Was bringt dich dazu, dich von deiner Macht abzuschneiden?
- Wie fühlt sich wahre Macht für dich an? Erkennst du deine Macht? Wie fühlt es sich an, wenn du Macht besitzt und Verantwortung für dein Leben übernimmst?
- Wie reagierst du auf Menschen, die Macht besitzen, auf Autoritäten und Dominanz? Fürchtest du dich vor ihnen? Machen sie dich wütend? Wann fühlst du dich unterlegen? In welchen Situationen fühlst du dich als Opfer? Hast du schon mal Macht erfahren, die dich hilflos gemacht hat?
- Wann fühlst du dich überlegen? Warst du schon mal in der Rolle eines Täters? Mischst du dich in alles ein? Hast du gerne die Kontrolle über dein Leben und über das anderer?
- Wie geht es dir mit anderen, die sich als Opfer empfinden?

Wut

Wir empfinden Wut, wenn wir auf Hindernisse und Grenzen stoßen. Wut ist die natürliche Folge, wenn unsere Energie ausgebremst wird. Sie bringt zum Ausdruck, dass wir das, was uns am Wachsen und Entwickeln hindert, nicht hinnehmen wollen. Wut bringt Konflikte an den Tag und schafft die Voraussetzung, sich mit ihnen auseinanderzusetzen. Danach ist die Luft wieder klar und rein. Ärger und Wut sind jedoch nicht gerne gesehen und werden meist unterdrückt, manchmal so sehr, dass wir gar keinen Zugang mehr zu ihnen haben. Und doch kocht und brodelt es im Inneren weiter. Nicht gelebte Wut kann sich in Gram, Feindseligkeit, Sarkasmus, passivem Widerstand und Nörgelei äußern.

Erforschung

- Wann empfindest du Wut? Wodurch wird sie ausgelöst? Worüber ärgerst du dich am meisten? Wie drückst du sie aus? Kannst du deine Krallen zeigen und dir so den Raum, den du brauchst, verschaffen?
- Wann unterdrückst du deine Wut? Wie fühlt sich das an? Bist du oft frustriert, reizbar und schlecht gelaunt? Richtest du deine Wut eher gegen dich selbst, anstatt sie auszuagieren?
- Wer ist wütend in deinem Umfeld? Was macht das mit dir?
- Wie wurde Wut in deiner Familie gelebt oder nicht gelebt? Durftest du als Kind deine Wut zeigen?
- Was passiert in dir, wenn du wütend wirst? Wie fühlt sich Wut in deinem Körper an? Kannst du dich in diesen Momenten auch wie von außen beobachten? Wie siehst du dich dann?
- Welchen Wert hat Wut für dich? Wie reagieren andere auf deine Wut?

Innerer Kritiker

Der innere Kritiker entsteht aus allen negativen Stimmen unserer Kindheit. Er erinnert uns an alles, was wir »falsch« gemacht haben, sät Misstrauen und kann schöne Erfahrungen durch einen einzigen Zweifel zunichtemachen. Seine ständigen Attacken begrenzen unsere Möglichkeiten, machen uns klein und geben uns das Gefühl, nichts wert zu sein.

Manche Kritiker richten sich mehr nach außen und attackieren ihre Umwelt, verurteilen und lehnen gnadenlos ab. Das, was wir an anderen kritisieren, sind Spiegelungen dessen, was wir in uns selbst ablehnen. Wir werden von dem Kritiker befreit, wenn wir lernen, das was ist, anzunehmen.

Erforschung

- Was verurteilst du an dir selbst, was kannst du am wenigsten akzeptieren? Wie hart bist du mit dir selbst? Wie fühlst du dich dabei? Wie sieht dein innerer Kritiker aus? Mit wessen Stimme spricht er? Wer wärest du ohne ihn?
- Wie gehst du damit um, wenn du von außen kritisiert wirst? Löst das in dir ein Gefühl aus, nicht gut genug zu sein? Fühlst du dich dann angegriffen? Kannst du berechtigte und unberechtigte Kritik unterscheiden? Fällt es dir leicht, Verantwortung für deine Fehler zu übernehmen?
- Projizierst du deine Kritik oft nach außen? Wofür verurteilst du andere?
- Quält dich dein innerer Kritiker durch ständige Vergleiche mit anderen? Sind dir Minderwertigkeits- und Überheblichkeitsgefühle sehr vertraut?
- Was kannst du tun, um Mitgefühl für dich selbst und andere zu entwickeln?

Herzchakra

Herzchakra

Körperbereich
Brustkorb, oberer Rücken, Herz, Lunge, Thymusdrüse

Aufgaben
sich öffnen für das Leben und die Liebe
mit staunenden Augen die Schönheit der Schöpfung erfahren
aufrichtiges Mitfühlen mit allen Wesen

Qualitäten
Liebe, Selbstliebe
Mitgefühl, Verständnis, Empathie
Offenheit, Herzenswärme, Herzlichkeit
Empfindsamkeit, Sanftheit, Zärtlichkeit
Akzeptanz, Toleranz und Versöhnung
Nachsicht, auch sich selbst gegenüber
die Fähigkeit zu geben und zu empfangen

unerlöst
Unfähigkeit, Liebe zu geben und anzunehmen
fehlende Selbstliebe
Mitleidlosigkeit
Bettlergefühl, gefühlsmäßig verhungert
Kontaktschwierigkeiten

mögliche Symptome
Erkrankungen des Herz-Kreislauf-Systems
Atembeschwerden, Lungenerkrankungen
Abwehrschwäche
Schmerzen im Bereich der Brustwirbelsäule

Liebe

Ein erblühtes Herz schenkt die Fähigkeit, uns weit zu öffnen und zu lieben. Diese Liebe ist mehr als das vergängliche romantische Verliebtsein. Durch sie erkennen wir, dass wir genau richtig sind, so wie wir sind, und sie lässt uns das auch in anderen sehen. Es ist eine Liebe ohne Bedingungen, mit der wir anderen vertrauen und wagen, Nähe und Intimität zuzulassen. Sie gibt uns die Freude, zu geben und zu empfangen und andere mit unserer Wärme und Herzlichkeit zu beschenken.

Die größte Sehnsucht eines jeden Menschen ist es, auf diese Weise zu lieben und geliebt zu werden. Dann fühlen wir eine tiefe Zufriedenheit, die unabhängig und frei ist. Diese Verbindung zu unserem Herzen gibt dem Leben einen Sinn. Liebe ist unser wahres Wesen.

Erforschung

- Wer oder was darf dein Herz berühren? Zu wem spürst du eine innige Verbundenheit? Was geht dir nahe?
- Fragst du in wichtigen Momenten dein Herz? Wann hältst du dein Herz zurück? Wie fühlt sich das an? Ziehst du dich dann ganz zurück?
- Wen oder was liebst du wirklich? Wie reagierst du auf Liebe?
- Kannst du Nähe, Vertrautheit und Verbundenheit zulassen? Kannst du dich wirklich öffnen und hingeben?
- Oder schützt du dich vor Nähe, um deine Verletzlichkeit nicht zu zeigen?
- Fühlst du eine Sehnsucht, anderen nahe zu sein, aber gleichzeitig fühlt sich das bedrohlich an? Hast du Angst davor, dass dann alte Wunden berührt werden?

Herzschmerz

»Liebe tut weh!« Diese Erkenntnis ist häufig die Folge von Enttäuschungen, Verletzungen und Kummer und lässt uns vor der Liebe davonlaufen. Aus Angst, zurückgewiesen zu werden, errichten wir einen Schutzwall um unser Herz. Doch es gehört zum Menschsein, Verluste zu erleiden und verwundet zu werden. Es ist schmerzhafter, den eigentlichen Herzschmerz zu ignorieren, als sich ihm zu stellen, denn dadurch verschließen wir uns auch vor Nähe, Freundschaft und Intimität. Nur wenn wir uns trauen, diesem tiefen Schmerz zu begegnen und Verborgenes ans Licht zu holen, kann unser Herz heilen und sich öffnen für die Liebe. In diesem Prozess taut unser »erfrorenes« Herz wieder auf, und wir gewinnen Zugang zu seiner Weisheit und zu gesunden Beziehungen.

Erforschung

- Spürst du alte Wunden in deinem Herzen? Welche Verletzungen durch Trennung und Verlust sind noch nicht verheilt? Versuche, dich ihnen in liebevoller Freundlichkeit zu öffnen.
- Was tust du, um diesen Schmerz nicht zu fühlen und um nicht wieder verletzt zu werden? Wie funktionieren deine Abwehr und deine Verteidigung? Machst du dicht? Weist du andere zurück oder bettelst du um Aufmerksamkeit? Oder suchst du dir einen Ersatz für die Liebe, in einer ständigen Beschäftigung, Einkaufen, Alkohol ...
- Wie war es in der Kindheit, was hat dich als Kind verletzt? Wie ist es heute?
- Hast du als Schutz vor Ablehnung einen Panzer um dein Herz gelegt? Schützt du dich vor Nähe, um nicht erneut verletzt zu werden?

Verlorenheit

Als kleines Kind waren wir noch in Kontakt mit unserer wahren Natur. Der geht jedoch verloren, wenn unsere Eltern unseren Wesenskern nicht erkennen und stattdessen eigene Vorstellungen haben, wie wir uns entwickeln und sein sollten. Ihre Liebe ist dann an Bedingungen geknüpft. Um geliebt zu werden, müssen wir ihren Vorstellungen entsprechen. Das kommt einem Verrat gleich: Für ihre Liebe mussten wir uns selbst verkaufen. Der größte Schmerz, den wir haben, ist, uns nicht geliebt zu fühlen, nicht als das Wesen gesehen zu werden, das wir sind. Dadurch vertrauen wir unseren Gefühlen und Instinkten nicht mehr und verlieren den Kontakt zu unserem wahren Selbst. Wir spüren diesen Schmerz im Herzen. Um zu überleben, entwickeln wir ein falsches, angepasstes Selbst, das sich fragt, was andere von ihm wollen.

Erforschung

- Wurdest du als Kind so gesehen, wie du wirklich bist?
- Was wollten deine Eltern in dir sehen? Unter welchen Bedingungen wurdest du als Kind anerkannt und geliebt? Was musstest du dafür tun, wie musstest du sein? Welcher Teil in dir wurde in deiner Kindheit nicht gesehen und anerkannt? Wie fühlt sich das an?
- Was tust du, wenn du nicht wahrgenommen wirst, wie du wirklich bist? In welchen Momenten fühlst du den Schmerz, nicht als der einzigartige Mensch erkannt zu werden, der du bist?
- Wo wendest du dich von dir ab und verrätst dich selbst, um geliebt zu werden? Welche deiner Vorstellungen oder Ideale halten dich davon ab, dich so anzunehmen, wie du bist? Welche Überlebensstrategien hast du in deiner Verlorenheit entwickelt?

Empfindsamkeit

Empfindsamkeit bedeutet, unser Herz zu öffnen und Feingefühl zu entwickeln. Dann lassen wir uns von allem berühren, was uns umgibt: von Musik, Bildern, Worten und Gesten. Wir nehmen die Welt mit staunenden Augen wahr und fühlen uns mit der Schöpfung verbunden. Wir können Dinge verstehen, die dem Verstand verschlossen bleiben. Unser Herz zu öffnen, bedeutet jedoch nicht, alle Grenzen fallenzulassen. Verletzlichkeit bedeutet nicht, sich verletzen zu lassen. Wenn wir zu dünnhäutig sind und uns immer wieder etwas zu nahe geht, brauchen wir Schutz und ein Umfeld, in dem wir uns ganz behutsam und in kleinen Schritten öffnen können. Dadurch lernen wir, dass unser Herz verletzlich und zugleich stark sein kann.

Erforschung

- Was bedeutet Empfindsamkeit für dich? In welchen Momenten hast du ein empfindsames, offenes Herz? Erlaubst du dir, verletzlich zu sein oder vermeidest du es? Fühlst du dich schwach, wenn du verletzlich bist? Hast du das Gefühl, dein Herz beschützen zu müssen?
- Was tust du, um dich davor zu bewahren, empfindsam zu sein? Welche Strategien schirmen dich davor ab, verletzlich zu sein? Benutzt du Feindseligkeit, Wut oder Rückzug, um nicht verwundbar zu sein?
- Wodurch fühlst du dich verletzt? Was verletzt dich am meisten?
- Hattest du als Kind genügend Raum, um deine Gefühle zu zeigen? War es dir erlaubt, sensibel zu sein? Waren deine Eltern einfühlsam, wenn du deine Gefühle gezeigt und deine Bedürfnisse geäußert hast? Hast du dich sicher gefühlt, wenn du verletzlich warst?

Mitgefühl

Mitgefühl ist eine natürliche Begleiterscheinung auf dem Weg nach innen. Es entsteht, wenn wir uns der Verbundenheit mit allen Wesen dieser Welt bewusst werden. Unser Herz ist die Quelle dieser Herzensgüte, die anderen Trost schenkt und ihnen Raum gibt, so zu sein, wie sie sind. Eine tief empfundene Empathie lässt uns einstimmen auf die Schwingungen anderer und uns in ihre Gefühlswelt hineinversetzen, ohne uns jedoch in ihren Geschichten zu verstricken und uns dabei zu verlieren. Mitgefühl bezieht uns selbst mit ein und bedeutet, unsere Bedürfnisse und Grenzen zu achten.

Erforschung

- In welchen Situationen hast du Anteilnahme und Mitgefühl erfahren?
- Erlaubst du dir, mitfühlend zu sein? Lässt du dich davon im Herzen berühren? Wie fühlt sich das an? Wann bist du offen und empathisch?
- Wann verschließt du dein Herz? Wie bringst du dich dazu und wie fühlt sich das in deinem Körper an? Meinst du dich vor dem Schmerz anderer schützen zu müssen?
- Kannst du das Leid von anderen ertragen, oder hast du sofort das Bedürfnis, ihnen zu helfen und sie zu »retten«? Oder leidest du gleich mit, wenn es anderen nicht gut geht?
- Glaubst du, es hat etwas mit Loyalität zu tun, wenn du deine eigene Freude aufgibst, weil ein Familienmitglied unglücklich ist?
- Ist Mitgefühl etwas, das deinem Inneren entspringt, oder etwas, das von dir erwartet wird?

Vergebung

Vergebung ist nicht getrennt zu sehen von Schuld. Schuld geben wir entweder uns selbst: wir werfen uns vor, uns falsch verhalten oder entschieden zu haben, Gelegenheiten verpasst, Träume nicht gelebt zu haben oder einfach nicht gut genug zu sein. Oder wir schieben die Schuld auf andere und machen sie oder die Gesellschaft verantwortlich für unser Unglück.

Mitgefühl und Demut – der Mut zum Dienen – machen den Weg frei, die Schuld zu vergeben. Diese wunderbare Fähigkeit, uns und anderen zu verzeihen, befreit uns von einer großen Last alter Vorwürfe und unerledigter Konflikte, die wir wie in einem Rucksack mit uns herumtragen. Vergebung »entgiftet« uns von negativen Gedanken, Bitterkeit und Groll. Sie löst die Verhärtung, die sich um unser Herz herum gebildet hat, und schafft innen wie außen Frieden. Dazu gehört auch, andere um Vergebung zu bitten, wenn wir ihnen Leid zugefügt haben.

Erforschung

- Was bedeutet Vergebung für dich? Bist du nachtragend? Fällt es dir schwer zu vergeben? Anderen und dir selbst? Gibt es Fehler aus deiner Vergangenheit, die du dir noch nicht verziehen hast?
- Hast du schon einmal vergeben? Wenn ja, was war es? Wo lag die »Schuld«? Was hat Vergebung ermöglicht?
- Wo ist deiner Meinung nach Vergebung nötig, ist aber noch nicht geschehen? Was fehlt, um vergeben zu können? Gibt es dabei Unterschiede zwischen privaten und gesellschaftlichen Belangen?
- Kannst du andere um Verzeihung bitten, wenn du einen Fehler gemacht hast?

Selbstliebe

Selbstliebe lässt uns erkennen, dass wir genau richtig sind, so wie wir sind. Sie gibt uns ein verständnisvolles »Ja«, mit dem wir uns annehmen und uns auch »Fehler« und Schwächen verzeihen. Wir sind bereit, die Geschenke des Lebens mit offenen Armen zu empfangen, in dem Wissen, dass wir es wert sind. Uns selbst zu lieben heißt, uns von dem zu befreien, was nicht gesund und gut für uns ist, von dem, was uns immer wieder von uns selbst entfernt. Dazu öffnen wir unser Herz und erleben, dass dann eine Verbindung zum Herzen anderer möglich ist, wenn wir in Kontakt mit unserem eigenen Herzen sind.

Erforschung

- Kannst du dich so annehmen, wie du bist, mit allen »Fehlern« und Schwächen? Kannst du deinen eigenen Wert sehen, fühlen und dazu stehen?
- Kannst du dir selbst Zuwendung und Liebe geben? Oder lehnst du dich eher ab? Wie bist du liebevoll mit dir? Was gehört dazu? Reicht dir das, um dich geliebt zu fühlen, oder geht das nur durch die Liebe anderer?
- Kennst du das Gefühl, der Liebe nicht wert zu sein oder etwas tun zu müssen, um geliebt zu werden? Hast du Schwierigkeiten, Hilfe und Geschenke anzunehmen? Fällt es dir schwer, dich anderen gegenüber zu öffnen und Gefühle und Zärtlichkeiten zu empfangen?
- Ist es für dich ganz selbstverständlich, geliebt zu werden? Warum sollte man dich lieben?
- Was oder wer tut dir nicht gut? Was entfernt dich von dir selbst? Wie kannst du dich davon befreien? Was passiert, wenn du das tust?

Halschakra

Halschakra

Körperbereich
Hals, Kehlkopf, Schilddrüse, Stimmbänder, Nacken, Schultern

Aufgaben
die Wahrheit im Inneren finden und sie anderen mitteilen
mutig die eigene Wahrheit aussprechen

Qualitäten
klare Kommunikation
Gedanken, Einsichten und Gefühle in Worte fassen
inneres Gespräch, das Klarheit im Denken und Fühlen bringt
Authentizität, Wahrhaftigkeit
Mut zur eigenen Meinung
Kreativität, Musikalität
Vertrauen in das Unbekannte

unerlöst
Kommunikationsschwierigkeiten
Unfähigkeit sich verständlich auszudrücken
Sprachstörungen
Festhalten an Glaubenssätzen
fehlender Zugang zur inneren Wahrheit
Schüchternheit, Hemmungen

mögliche Symptome
Halsschmerzen, Mandelentzündung
chronischer Husten
Fehlfunktion der Schilddrüse
Verspannungen und Steifheit im Nacken, Schulterschmerzen

Wahrhaftigkeit

Die eigene Wahrheit auszudrücken, ist mutig. Wir brauchen Courage, um zu unserer Meinung zu stehen und freiheraus zu sagen, was wir denken und fühlen, ohne etwas zu verbergen oder zu beschönigen. Wenn wir uns selbst treu bleiben, sind wir möglicherweise einem großen äußeren Druck ausgesetzt. Um dem zu entkommen, greifen wir leicht mal zu Lügen und faulen Kompromissen. Der erste Schritt, authentisch zu sein, ist das nach innen Horchen und die Suche nach Wahrheit, auch auf die Gefahr hin, dass alte Überzeugungen infrage gestellt werden müssen.

Erforschung

- Kannst du deine Wahrheit aussprechen und für sie einstehen? Bist du schon einmal total authentisch gewesen? Wie erkennst du das, was wahr ist? Wie spürst du das?
- Kennst du das Gefühl, nicht echt zu sein? Hast du schon einmal eine richtige Show abgezogen, bei der du hinter einer Fassade verschwunden bist? Wo sagst du nicht ehrlich deine Meinung? Nutzt du manchmal sogenannte Notlügen? Kennst du diese Taktik aus deiner Familie? Was würde passieren, wenn du statt Notlügen die Wahrheit sagen würdest? Welche Unterstützung brauchst du, um deine Wahrheit zu leben?
- Was hält dich davon ab, wahrhaftig zu sein: der Wunsch zu gefallen, dazuzugehören und geliebt zu werden? Die Angst, ein Außenseiter zu sein? Befürchtest du, allein dazustehen, wenn du deinen eigenen Weg gehst?
- Kennst du Momente, in denen du dich nicht mehr verleugnen wolltest? Wie wäre es, wenn du wirklich authentisch wärst? Wer bist du, wenn du nicht mehr an anderen Meinungen und Urteilen festhältst?

Glaubenssätze

Glaubenssätze und die daraus resultierenden Konditionierungen werden von Generation zu Generation weitergegeben. Zum Erwachsenwerden gehört, diese Überzeugungen und vorgefertigten Meinungen, die wir von unseren Eltern, Lehrern oder der Gesellschaft übernommen haben, mit eigenen Erfahrungen abzugleichen und zu prüfen, ob sie auch das eigene Leben steuern sollen. Indem wir sie mit einem inneren Abstand betrachten und auf ihren Wahrheitsgehalt hin überprüfen, können wir Unwahrheiten und fremde Denkmuster abwerfen. Manch anerzogener Glaubenssatz, wie: »Ich bin nicht gut genug!«, ist besonders prägend und schmerzlich. Das führt dazu, dass wir neuen Herausforderungen mit festgelegten Antworten begegnen.

Glaubenssätze verlieren ihre Macht, wenn wir die verschiedenen Rollen, in die wir tagtäglich automatisch hineinschlüpfen, hinterfragen. Dann wird die leise Stimme im Inneren hörbar.

Erforschung

- Übernimmst du leicht fremde Meinungen und Glaubenssätze?
- Kannst du die Glaubenssätze, die in deiner Familie oder deiner Gemeinschaft gelten, benennen? Wie und wo beeinflussen sie dein heutiges Leben?
- Hast du diese Glaubenssätze schon einmal infrage gestellt oder sind sie wie in Stein gemeißelt? Gibt es Situationen, in denen du sie loslassen konntest? Wenn ja, welche waren es und wie ist dir das gelungen?
- Machst du dich auf die Suche nach deiner eigenen Wahrheit? Nagt manchmal Zweifel an dir, ob das, was du über dich und das Leben weißt, richtig ist? Bist du dir deiner eigenen Weisheit bewusst?

Kommunikation

Über unsere Sprache können wir uns offen und aufrichtig mitteilen und auch Gefühle in Worte fassen. Je ehrlicher und aufrichtiger unsere Kommunikation ist, desto harmonischer wird unser Miteinander. Ein klärendes Gespräch kann befreiend sein und Frieden schenken. Eine mangelnde oder unklare Kommunikation hingegen ist die Wurzel von vielen zwischenmenschlichen Problemen und Verletzungen. Unausgesprochenes, das in der Luft liegt, vergiftet die Atmosphäre. Wenn es unserer Sprache an Klarheit fehlt, kommt es zu Missverständnissen und Fehlentscheidungen, Unwahrheiten und Lügen.

Erforschung

- Fällt es dir leicht, zu kommunizieren und die richtigen Worte zu finden? Ist deine Sprache klar und deutlich? Gelingt es dir, Wissensinhalte so zu formulieren, dass sie für andere fassbar und verständlich sind?
- Wann, in welchen Situationen und mit wem bist du bereit, dich mitzuteilen? Kannst du das, was in dir vorgeht, auszusprechen und deine Gedanken und Gefühle in Worte zu fassen?
- Ist Miteinanderreden für dich die Ebene, auf der du Menschen triffst, kennenlernst und auf der du entscheidest, ob du jemanden magst? Ist Kommunikation auch die Ebene, auf der du dich selbst am besten zum Ausdruck bringen kannst?
- Bestärkst du eher andere darin, sich eigene Gedanken zu machen und diese zum Ausdruck zu bringen? Übernimmst du lieber Inhalte von anderen, um mit einer eigenen Sicht der Dinge nicht anzuecken?
- Hast du in einem Gespräch eher die Rolle eines Fragenden oder Beobachtenden?

Ausdruck

Wir haben viele Möglichkeiten, zum Ausdruck zu bringen, was in uns vorgeht. Nicht nur über Sprache, sondern auch über Lachen und Weinen, über Musik und Gesang, Theater und Tanz, Dichtung, Malen und Gestalten können wir uns der Welt offenbaren und unser Innenleben, unsere Wahrnehmung, Einsichten und Ideen nach außen tragen.

Hat uns jedoch als Kind niemand wirklich zugehört, wurden wir vielleicht in unserem Redefluss abgewürgt, zum Schweigen gebracht oder ausgelacht, entwickeln wir eine Scheu, uns darzustellen und zu zeigen, wie wir sind. Wir halten lieber den Mund, oder es fällt uns schwer, die richtigen Worte zu finden, und unsere Gedanken und Gefühle bleiben als Geheimnis in unserer inneren Welt eingeschlossen.

Erforschung

- Wie drückst du dich aus? Mit sprachlicher Gewandtheit, Mimik, Gestik, Musik, Tanz, Schreiben, Malen, Gestalten? Welche Art des Ausdrucks entspricht dir am meisten?
- Hast du manchmal Angst davor, nicht gehört oder falsch verstanden zu werden? Fühlst du dich eher schüchtern und gehemmt oder bekommst einen Kloß im Hals, wenn du dich mitteilen sollst? Hältst du dich eher zurück und verleugnest deine Wahrheit? Wann lächelst du, obwohl dir nicht danach zumute ist oder verbirgst deine Tränen?
- Wie reagierst du, wenn dich jemand hinterfragt oder dich korrigiert? Hast du manchmal Angst davor, lächerlich zu wirken?
- Stehst du lieber vorne in der ersten Reihe auf der »Bühne« oder meldest du dich eher aus der hinteren Reihe zu Wort? Oder eher schriftlich? Oder am liebsten gar nicht?

Kreativität

Kreativität ist eine Form des Ausdrucks. Kreativität bedeutet, Neues zu entdecken und uns einzulassen auf eine Reise ins Unbekannte. So kann etwas entstehen, das nicht beabsichtigt war und das vielleicht sogar eine Botschaft oder Aussagekraft für uns enthält. Dafür braucht es Freiheit von einengenden Gedanken, sodass wir uns beim Gestalten überraschen lassen können, und auch Freiheit von Kritik und Urteil, damit der Kreativität keine Grenzen gesetzt sind.

Erforschung

- Welchen Stellenwert haben Kreativität und Schöpferkraft für dich? Liebst du es, dich durch Kunst und Musik auszudrücken? Hast du Freude am Handwerken, Basteln oder Kochen?
- Wo in deinem Leben kannst du kreativ sein? Was bereitet dir besonders viel Freude? Wo wärst du gern kreativer?
- Kannst du gut improvisieren und aus dem Nichts eine überraschende Lösung finden?
- Was inspiriert dich? Kommt deine Inspiration von innen oder von außen? Kannst du sie umsetzen? Wenn ja, wie?
- Wie meldet sich Kreativität bei dir? Schmiedest du gleich Pläne, machst dich sofort an die Arbeit und stellst alles andere hintenan?
- Blockierst du dich durch Glaubenssätze wie: »Ich kann das nicht ...« oder »Es geht nicht ...«?
- Gibt es ein Erlebnis in deinem Leben, das den Fluss deiner Kreativität unterbrochen oder sogar abgebrochen hat?
- Warum möchtest du kreativ sein? Möchtest du gern bewundert werden?

Aufbruch ins Unbekannte

Das Leben ist eine Reise ins Unbekannte, mit Mut, Spontaneität, Optimismus und dem inneren Kompass im Reisegepäck. Nur auf einem nicht ausgetretenen Pfad finden wir unsere eigene Wahrheit. Indem wir uns von überholten Glaubenssätzen trennen und Unwahrheiten abwerfen, öffnet sich unser Horizont für neue Möglichkeiten und Ideen. Voller Zuversicht und bereit für das große Abenteuer Leben verlässt der Schmetterling die Puppe, für die er zu groß geworden ist. Sind wir jedoch in unseren altbekannten Strukturen gefangen, fürchten wir uns davor, Risiken einzugehen und beschränken damit unsere Kreativität.

Erforschung

- Kommt Spontanität in deinem Leben vor? Hast du den Mut, dich davon leiten zu lassen? Wann und wie erlebst du Spontanität? Welchen Stellenwert hat sie in deinem Leben?
- Fällt es dir leicht, allein aus deinem Inneren heraus, Neues zu gestalten? Wie fühlst du dich zum Beispiel vor einem weißen Blatt Papier, einer leeren Leinwand oder einem Arbeitstitel, den du füllen sollst? Hast du Widerstände in solchen Situationen oder beflügeln sie dich?
- Erlaubst du dir, nicht zu wissen? Wie ist es, wenn sich das auflöst, was nicht echt ist? Bereitet es dir eher Unbehagen, nicht zu wissen was kommt oder spornt es dich an? Bewegst du dich lieber in vertrauten Bahnen oder gehst du gern mal unbekannte Wege?
- Fällt es dir leicht, von alten Vorstellungen Abstand zu nehmen und dich auf neue Ideen einzulassen?
- Welche Unterstützung brauchst du, um deinen Weg zu gehen und deine Wahrheit zu leben? Kannst du sie annehmen?

Hingabe an das Göttliche

Gott oder das Göttliche bedeutet für jeden Menschen etwas anderes. Da ist der Glaube an eine personifizierte Gottesgestalt oder die Erfahrung der göttlichen Natur, einer existentiellen Energie, die in allen Wesen und Dingen wirkt und von der wir nicht zu trennen sind. Unsere Verbindung zu Gott geht im alltäglichen Leben oft unter. Meditation und Gebet helfen, uns unseres göttlichen Wesenskerns wieder bewusst zu werden. Hingabe macht uns bereit, das Göttliche zu empfangen und schenkt uns die Erfahrung, dass die Existenz für uns sorgt.

Erforschung

- Betest du manchmal?
- In welcher Form nimmst du eine Verbindung mit Gott oder dem Göttlichen auf?
- Benutzt du deine Gebete, um Wünsche zu äußern, um Hilfe zu bitten oder um deiner Missbilligung Ausdruck zu verleihen? Bist du manchmal wütend auf Gott?
- Oder kannst du dem Göttlichen oder der Existenz danken, nicht nur für die Geschenke, die du erhalten hast, sondern auch für die Schwierigkeiten, die dich wachsen und reifen lassen? Kennst du tiefe Dankbarkeit für dein Leben?
- Liebst du Mantras? Hast du beim Singen von religiösen Liedern schon mal eine Hingabe an das Göttliche verspürt?
- Hast du schon einmal aus einem Gebet heraus eine »Antwort« erhalten, die du in deinem Leben umsetzen konntest?

Stirnchakra

Stirnchakra

Körperbereich
Stirn, Drittes Auge, Augen, Ohren, Hirnrinde, Hirnanhangdrüse
rechte und linke Gehirnhälfte

Aufgaben
das Erkennen von größeren Zusammenhängen
Geistesfrieden finden – »Das Zurruhebringen der Bewegungen der Denksubstanz« (Patanjali)

Qualitäten
geistige Klarheit und Weite, Konzentrationsvermögen
Weisheit, Weitsicht, Selbsterkenntnis
Achtsamkeit
Intuition, übersinnliche Wahrnehmung, Fantasie
Vertrauen auf die innere Führung

unerlöst
Unbewusstheit
Kopflastigkeit
geistige Unruhe
Verwirrung, geistige Abwesenheit
Gefühl der Bedeutungslosigkeit
intellektuelle Arroganz

mögliche Symptome
Kopfschmerzen, Migräne
Augenprobleme, Ohrenerkrankungen
Konzentrations- und Lernschwäche
Alpträume, Halluzinationen, Geisteskrankheiten

Geistige Klarheit

Wenn das permanente Geschnatter im Kopf zur Ruhe kommt, kehrt Stille ein, die verbunden ist mit einer lebendigen Bewusstheit. Sie verwandelt alles und ist das Ende der quälenden mentalen Aktivitäten wie Wünschen, Anstrengen, Widerstand leisten. Geistige Klarheit schenkt uns die Fähigkeit, auf das Leben zu antworten, statt zu reagieren und achtsam zu sein, statt roboterhaft zu handeln. Mit großer Sensitivität und weit geöffneten Sinnen nehmen wir die Welt wahr. Diese wache Aufmerksamkeit kann jedoch leicht vom Strom der Gedanken abgelenkt werden. Erleben wir eine Gedankenflut, sind wir zerstreut und unkonzentriert und unser Geist ist trübe wie ein lange nicht geputzter Spiegel.

Erforschung

- Hast du das große Ganze im Blick? Erkennst du größere Zusammenhänge? Gelingt es dir, die Wahrheit einer Situation, das heißt sowohl deine eigene innere Wahrheit als auch die Erfordernisse des Außen, zu erfassen? Oder fokussierst du dich eher auf deine kleine Welt?
- Erlebst du häufig eine Gedankenflut, bist zerstreut und vergesslich? Lässt du dich leicht ablenken? Fühlst du dich geistig überfordert, sodass dich äußere Reize regelrecht überfluten? Kannst du in dem mentalen Durcheinander noch erkennen, was wirklich von Bedeutung ist?
- Was unterstützt dich dabei, deine Auffassungsgabe zu schärfen und den Fokus zu bewahren? Wie kannst du deine Wahrnehmung vertiefen, sodass du in Kontakt mit deiner Seele kommst? Gibt es etwas, das dir hilft, in deiner eigenen Energie zu bleiben und gleichzeitig den Kontakt zur äußeren Welt zu bewahren?

Wissen

Wissen wird in unserer Kultur meist gleichgesetzt mit der Ansammlung von Informationen und Fakten, einem methodisch durchdachten, nach den Regeln der Logik erworbenen Verständnis. Damit gelten wir als schlau und gebildet. Im spirituellen Sinn jedoch wird unter Wissen die eigene Lebenserfahrung verstanden, die zu Erkenntnis und Weisheit führt. Das geschieht unabhängig von Bildung und Logik. Sie entsteht aus dem Vertrauen in die eigene, innere Quelle, die den Fluss des Lebens steuert. Von aller Identifikation und Konditionierung befreit, tief erfüllt von eigenem, nicht »geborgtem« Wissen, können wir uns mit Ehrfurcht dem Leben zuwenden und die Wahrheit erfahren.

Erforschung

- Wie wichtig ist Wissen für dich? Welche Art von Wissen interessiert dich? Faszinieren dich Logik und Wissenschaft? Philosophierst du gern? Wie beeinflusst Wissen dein Leben?
- Definierst du dich hauptsächlich über deinen Intellekt, das rationale Denken? Bildest du dir etwas auf deine Klugheit ein? Bist du dadurch »kopflastig« und von Gefühlen und Empfindungen abgetrennt? Wo ersetzt du ein direktes Erleben und das Teilhaben am Leben durch Wissen und Theorie?
- Wie geht es dir, wenn du etwas nicht weißt? Verurteilst du dich dafür? Was tust du, damit es niemand bemerkt? Studieren und Bücher lesen? Bist du in der Schule ausgelacht worden, wenn du etwas nicht wusstest? Hast du dann gedacht, du seist dumm?
- Welche Erfahrungen hast du gemacht, die dir echtes Wissen beschert haben? Was weißt du tief innen in dir? Welches Wissen wird bleiben?

Verstehen

Am Anfang steht das Aufnehmen von Informationen und Fakten. Wenn wir reifen, unser Horizont sich erweitert und wir einen größeren Überblick bekommen, beginnen wir zu verstehen. Wir erkennen, was in dem mentalen Durcheinander wirklich von Bedeutung ist. Einzelteile setzen sich zu einem großen Ganzen zusammen, alles fällt an seinen Platz. Hindernisse, Brüche, Absagen, Zufälle und Glück ergeben plötzlich einen Sinn und jedes zu seiner Zeit hat seine Berechtigung im Lebenslauf. Wir finden Antworten auf die existenziellen Fragen unseres Daseins: »Wer bin ich?«, »Was ist meine Lebensaufgabe?«, und bekommen Zugang zu geistigen Sphären und zur Spiritualität.

Erforschung

- Welchen Stellenwert hat Verstehen in deinem Leben? Bemühst du dich, etwas geistig umfassend zu durchdringen? Kennst du die Sehnsucht, größere Zusammenhänge zu erkennen und die Ganzheit des Lebens zu erfassen? Oder reicht es dir, etwas nur mal eben flüchtig zu überfliegen?
- Kannst du etwas nur dann weitergeben, wenn du es vollständig verstanden hast?
- Fragst du dich, bevor du etwas Neues beginnst oder dich engagierst, ob es Sinn für dich oder auf übergeordneter Ebene macht? Stellst du dir die Frage nach Sinn: Sinn des Lebens, Sinn der Arbeit, Sinn der augenblicklichen Situation, Sinn der Beziehung und so weiter?
- Hast du schon erlebt, plötzlich Zusammenhänge zu sehen und damit die Dynamik von Ereignissen in deinem Leben zu erkennen? Was löst dieses Verstehen in dir aus? Vielleicht Entspannung? Kommt der Gedankenfluss im Kopf zur Ruhe?

Identifikation

Wenn wir nicht wissen, wer wir sind und was der Sinn und Zweck unseres Daseins ist, entsteht daraus ein schmerzvolles Gefühl der inneren Leere. Dieses Vakuum ist schwer zu ertragen, daher füllen wir es meist schnell mit etwas aus, mit dem wir uns identifizieren können: mit unserem Verein, unserem Land, unserer Bildung, unserem Besitz, unseren Gedanken und Gefühlen, und basteln uns daraus eine Identität. Mit dieser verzerrten Wahrnehmung von uns selbst und vom Leben entfernen wir uns von dem, was in diesem Augenblick geschieht. Finden wir jedoch Distanz zu unserem trügerischen Selbstbild, sind wir wieder mehr am Leben beteiligt und können erfassen, welche Antwort im Hier und Jetzt die richtige ist.

Erforschung

- Womit bist du identifiziert? An welchen Vorstellungen von dir selbst und vom Leben hältst du fest? Wie fühlst du dich damit? Worüber darf niemand einen Scherz machen?
- Wer bist du ohne diese Identifikationen? Ist dir das Gefühl von Leere und Bedeutungslosigkeit vertraut? Hast du schon mal den Mut gehabt, dich diesem Gefühl zu stellen?
- Konntest du dich schon einmal aus einer Identifikation lösen, sie ablegen wie ein Kleidungsstück, das du nicht mehr brauchst, mit dem Gefühl: »Das bin ich nicht!«
- Fällt es dir leicht, Illusionen und Täuschungen zu erkennen? Erinnerst du dich an konkrete Lebenssituationen, in denen du einer Vorspiegelung auf den Leim gegangen bist? Von wo werden deine Illusionen gespeist, zum Beispiel von Glaubenssätzen, Erwartungen, Sehnsüchten ...?

Bewusstheit

In meditativen Praktiken spielt Bewusstheit die zentrale Rolle. Bewusst zu sein bedeutet, sowohl das Innen als auch das Außen unmittelbar wahrzunehmen, ohne sich von störenden Gedanken ablenken zu lassen. Meditation bereitet den Weg zu dieser Achtsamkeit. Das lässt uns die Wirklichkeit jenseits der Grenzen unseres Verstandes erkennen.

Erforschung

- Worüber bist du dir jetzt gerade bewusst? Schließe für einen Moment deine Augen und lasse dich nach innen fallen. Formuliere deine Antwort: »In diesem Moment spüre ich ... nehme ich wahr ... fühle ich ... bin ich mir bewusst ...«.
- Was geschieht in diesem Augenblick in deinem Körper? Richte deine Aufmerksamkeit auf den Untergrund, auf dem du liegst, sitzt oder stehst. Welche Körperzonen nimmst du jetzt bewusst wahr?
- Nun beobachte deinen Atem. Welche Bereiche des Körpers berührt und bewegt er?
- Welche Gedanken ziehen im Moment vorüber? Welche Gefühle berühren jetzt dein Herz? Gibt es da etwas, was dich bewegt oder aufwühlt?
- Hast du schon Augenblicke erlebt, in denen das Geschnatter im Kopf abgeschaltet war und reine Wahrnehmung übriggeblieben ist? Wenn ja, was hast du beobachtet? Hat sich deine Wahrnehmung verändert und wie war das für dich?
- »Vergangenheit und Zukunft existieren nicht, sondern nur der Augenblick.« Kannst du mit diesem Satz etwas anfangen?

Intuition

Es gibt eine Wahrheit jenseits der äußeren Erscheinungen und außerhalb dessen, was wir mit dem Verstand wahrnehmen und ausdrücken können. Manchmal liegt sie in der Luft und etwas in uns greift nach ihr. In dem Moment, wo unser Verstandesfilter ausgeschaltet ist, können uns Informationen oder Ahnungen erreichen, die jenseits der Logik sind, aber genau das beinhalten, was im Leben gerade gebraucht wird. Indem wir der Intuition vertrauen und unsere inneren Bilder und Eingebungen wertschätzen, entdecken wir die darin enthaltenen Botschaften.

Erforschung

- Verfügst du über eine gute Intuition? Hast du einen »sechsten« Sinn, mit dem du Schwingungen und Unausgesprochenes wahrnimmst und empfänglich bist für Übersinnliches? Vertraust du deinen Eingebungen?
- Nimmst du Dinge wahr, die anderen verschlossen bleiben? Hast du es schon erlebt, dass deine Ahnungen Wirklichkeit wurden? Gibt es Momente, in denen du genau wusstest, was richtig ist und hattest dann tatsächlich Recht? Siehst du manchmal deinen Lebensweg oder den von Menschen, die dir nahe sind, genau vor dir?
- Hattest du als Kind eine Verbindung zu einer Welt jenseits der greifbaren Wirklichkeit? Warst du »hypersensibel«, befähigt mit einer mit einer außergewöhnlichen Auffassungsgabe, Vorstellungskraft und Sensitivität? Bist du dafür von Erwachsenen auf grobe Weise belächelt worden?
- Kennst du es, dich mehr in deiner inneren Welt aufzuhalten, als am äußeren Leben teilzunehmen? Hat dir der Rückzug in deine Traumwelt geholfen, schwere Phasen leichter zu ertragen?

Führung

Führung kann sich als innere Stimme, in Träumen oder als direktes Wissen ohne Zweifel zeigen. Die Führung wird oft als Vehikel angesehen, das uns auf eine höhere Ebene führt. Sie kann sich auch wie Schutz anfühlen. Es kann ein Lehrer sein oder ein Freund auf dem Weg. Wir erfahren sie in der Stille oder durch ein Buch. Manchmal sieht sie wie ein Zufall aus. Oder plötzlich geschieht ein Quantensprung im Leben. Manchmal ist Führung in großen Verlusten versteckt, verbunden mit dem Vertrauen, dass wir nicht allein sind auf dieser Welt. Indem wir der Führung folgen, geben wir unseren persönlichen Willen, den Ehrgeiz etwas Bestimmtes erreichen zu wollen, ab. Der Führung zu vertrauen, bedeutet Hingabe an das Leben. Oft wollen wir diese innere Stimme jedoch nicht hören und stellen uns stur. Unser Ego meint es besser zu wissen.

Erforschung

- Wann hast du Führung in deinem Leben erfahren? In welchen Situationen hat sie dich geführt?
- Welche Signale hast du wahrgenommen, als du geführt wurdest? Wie und in welcher Form hat sich Führung manifestiert? Wie erlebst du Führung?
- Wie zeigt sich dein »roter Faden«? Kannst du ihm folgen? Hast du dich schon einmal für den inneren »roten Faden« entschieden statt für sachliche Argumente von außen?
- Gab es Ereignisse in deinem Leben, wo die Führung zu großen Veränderungen geführt hat? Was ist passiert?
- Hast du schon einmal große Dankbarkeit für die Führung empfunden?

Kronenchakra

Kronenchakra

Körperbereich
Scheitel, geht über den Kopf hinaus, Großhirn
Hohlraum zwischen den beiden Gehirnhälften, Zirbeldrüse

Aufgaben
über sich hinauswachsen
zur Quelle zurückkehren

Qualitäten
Erwachen
Einssein
tiefer Frieden
Glückseligkeit
allumfassende Liebe
nach Hause kommen
einfach sein – alles ist heilig

unerlöst
Gefühl, abgetrennt zu sein
Zweifel, Resignation, Weltschmerz
fehlende Sinnhaftigkeit
Einsamkeit, Isolation, Apathie
Flucht nach außen

mögliche Symptome
Schlafstörungen
Unfähigkeit, die Realität wahrzunehmen
Orientierungslosigkeit
Verwirrung, Depression

Leere

Unsere spirituelle Reise führt uns immer weiter in die Leere. Alles, was wir bisher gekannt haben, löst sich hier auf, unsere Identifikationen, Anhaftungen, Träume und Begierden. In tiefer meditativer Versenkung gibt es nichts mehr, woran wir uns festhalten können. Diese innere Leere ist häufig schwer zu ertragen, denn ohne Zugang zur Spiritualität löst sie Angst und Zweifel aus. Dann ist es leichter, uns im Außen zu orientieren und Ablenkung zu suchen oder uns mit Alkohol und anderen Drogen zu betäuben. Bringen wir jedoch irgendwann das Vertrauen und den Mut auf, uns ins Unbekannte fallenzulassen, werden wir von der Existenz aufgefangen.

Erforschung

- Wie empfindest du innere Leere? Kannst du damit sein oder fühlt sie sich bedrohlich an?
- Hast du schon mal so ein unbestimmtes Gefühl gehabt, verloren zu gehen?
- Was tust du, um eine innere Leere zu vermeiden, sie nicht zu fühlen? Wie lenkst du dich ab, wie hältst du dich beschäftigt? Hast du schon mal das Gefühl gehabt, vor dir selbst davonzulaufen?
- Vermeidest du auch das Alleinsein? Wie weit gehst du in deinen Beziehungen und auch sonstigen Lebensbereichen, um Alleinsein nicht zu erfahren? Wann fühlst du dich einsam?
- Oder fühlst du dich im Alleinsein ganz wohl? Kannst du das Sein mit dir allein schätzen? War das schon immer so oder hast du es gelernt?

Frieden

Das Wort Shanti aus dem indischen Sanskrit bedeutet innerer und äußerer Frieden. Om Shanti Shanti Shanti wird oft als Friedenswunsch zum Ende einer Meditation oder Yogastunde gesungen: »Möge Frieden sein« – in Körper, Geist und Seele, Frieden für uns selbst, für unsere Mitgeschöpfe und für die ganze Welt oder Frieden mit deiner Vergangenheit, mit deiner Zukunft und mit deiner Gegenwart.

Innerer Frieden umfasst sowohl einen Geistesfrieden, bei dem der »Lärm« in unserem Kopf zur Ruhe kommt, als auch einen »göttlichen« Gleichmut, einen Seinszustand, in dem wir gelassen und friedvoll sind und es auch bleiben, wenn wir beleidigt, angegriffen oder verletzt werden. Diese unerschütterliche Ruhe erleben viele Menschen in Meditation, im Gebet, beim TaiChi oder Yoga, oder auch in der tantrischen Liebe. Erst durch den inneren Frieden kann authentischer Frieden im Außen erreicht werden. Die friedliche Atmosphäre, die wir in uns selbst verwirklichen, dehnt sich von hier auf unser Umfeld aus.

Erforschung

- Was bedeutet Frieden für dich? Wann erlebst du tiefen Frieden?
- Hängen innerer und äußerer Frieden für dich zusammen oder geht das eine ohne das andere? Welche äußeren Einflüsse stören deinen Frieden am meisten?
- Macht es dir manchmal Angst, wenn es »zu friedlich« wird?
- Was tust du, um äußeren und inneren Frieden zu erlangen?
- In welchen Momenten kommt dein Geist zur Ruhe und findet Frieden? Welche Erfahrungen hast du mit Meditation oder Gebet?

Freiheit

Unter Freiheit verstehen wir normalerweise die Möglichkeit, das zu tun, wonach uns gerade ist und uns nach eigenen Vorstellungen zu verwirklichen. Damit das möglich ist, und wir dabei nicht auf allzu viele Hindernisse und Begrenzungen stoßen, müssen im Außen bestimmte Voraussetzungen erfüllt sein.

Es gibt aber auch noch eine Freiheit im Inneren, die von äußeren Umständen unabhängig ist. Diese Freiheit geschieht durch Loslassen: von Vorstellungen und Identifikationen, von Wollen und Ehrgeiz, von Trennung und Verblendung. Losgelöst von allen Verstrickungen erfahren wir Befreiung oder Erlösung. Im Sanskrit gibt es dafür zwei Wörter: Mukti und Moksha.

Erforschung

- Was ist Freiheit in deinen Augen?
- In welchen Bereichen deines Lebens fühlst du dich frei? Wo kannst du dich nicht entfalten?
- Welche äußeren Umstände hindern dich daran, frei zu sein?
- Benötigst du äußere Freiheit, um innere Freiheit zu erfahren? Oder hast du schon mal erlebt, dass das eine ohne das andere möglich ist?
- Wie geht es dir mit dem Thema Loslassen? Wo fällt es dir leicht loszulassen? Woran hältst du mit aller Macht fest?
- Wirklich frei sein – wann fühlst du dich so, welche Bedingungen sind in dem Moment erfüllt?

Bestimmung

Wir finden Zugang zu unserer Bestimmung durch eine stille Empfänglichkeit, ein achtsames Nach-Innen-Lauschen. Dadurch erkennen wir, wer wir sind und was der Sinn und Zweck unseres Daseins ist. Indem wir aus vollem Herzen JA dazu sagen, finden wir Erfüllung. Das Einverstandensein mit dem göttlichen Plan beschreibt man im Christentum mit den Worten: »Dein Wille geschehe«. Dem zu folgen, was dieser »wahre Wille« für uns vorgesehen hat, gibt dem Leben einen Sinn und schenkt uns Erfüllung, denn wir erkennen, dass die Existenz uns braucht.

Erforschung

- Kennst du das Gefühl, im Einklang mit der Existenz zu sein, sodass alles einen Sinn und eine Bedeutung hat? Sind für dich Ziele dasselbe wie die Bestimmung? Welche Ziele hast du? Wie passen sie in deine Bestimmung?
- Wann und wie hast du den wahren Willen schon einmal wahrgenommen? Wie hat er sich dir gezeigt? Wusstest du schon mal, dass es genau richtig ist, etwas Bestimmtes zu tun? Hattest du dabei das Gefühl, deiner Bestimmung zu folgen?
- Oder ist für dich die Bedeutung deines einzigartigen Lebens noch verhüllt? Sehnst du dich nach einem größeren Zusammenhang und Sinn? Trägst du manchmal einen »Weltschmerz« in dir, weil du deinen Lebenssinn noch nicht erkannt hast? Hast du mitunter Angst vor deiner eigenen Größe, deinem inneren Licht?
- Wo kannst du dafür Hilfe und Orientierung finden? In einer spirituellen Gemeinschaft? In einem Meditationszentrum oder einer religiösen Einrichtung? In sozialen Projekten? In Büchern von großen Meistern?

Einfach sein

Wenn Identifikation, Ehrgeiz und das Streben, etwas Besonderes zu sein, von uns abfallen, bleibt das reine Sein. Alles geschieht in einer tiefen Entspannung. Im Taoismus wird diese vertrauensvolle Hingabe an den natürlichen Fluss des Lebens als Wu-Wei oder Nicht-Tun bezeichnet. Dieser Zustand ist einfach wie die spielerische Unschuld eines kleinen Kindes, das staunend das unfassbare Wunder der Schöpfung in sich aufnimmt. Die Erfahrung des Nicht-Tuns ist jedoch im Gegensatz zu der des Kindes von Bewusstsein durchdrungen. Das schenkt uns eine große Freude, die nichts mit dem zu tun hat, was wir haben oder tun, sondern mit dem, was wir sind und welche Beziehung wir zu uns selbst haben. Unser inneres Licht erstrahlt. Mitunter geschieht dies beim Erleben eines Sonnenuntergangs, in der Liebe oder bei der Geburt oder dem Tod eines geliebten Menschen.

Erforschung

- Kannst du in Ruhephasen tief entspannen?
- Kannst du Augenblicke, in denen absolut nichts geschieht oder anliegt, aushalten oder sie sogar genießen? Kreierst du bewusst solche Momente und passt sie in deinen Alltag ein? Oder vermeidest du diese Zustände – vielleicht um nichts zu verpassen oder den Anschluss nicht zu verlieren?
- Hast du eine Vorstellung davon, wie es sein müsste, im Wu-Wei zu verweilen? Ist es etwas Erstrebenswertes für dich? Weißt du, wie du dich dem annähern kannst – mit Meditation oder Entspannungsübungen?
- Kennst du Momente von reinem Sein, in denen du dich mit allem verbunden fühlst? Wie bekommst du und wie verlierst du den Zugang dazu?

Nach Hause kommen

In unserem häufig von Ansprüchen, Anstrengung und Pflicht geprägten Alltag, sind wir nicht mehr gewahr, dass wir in etwas Größeres, Allumfassendes eingebettet sind. Wir leben in unserer eigenen kleinen Welt und fühlen uns mitunter leer und verloren. Dann braucht es in unserem Leben eine Umkehr, eine Rückkehr zur Quelle. Indem wir uns nach innen wenden, bewegt sich unsere Energie zum Zentrum und wir kommen nach Hause. Damit hat alles Suchen ein Ende. Wir erkennen, dass wir nie aus dem Paradies vertrieben wurden, denn das Paradies ist in uns.

Erforschung

- Spürst du manchmal eine Freude, die nichts mit der Erfüllung deiner Wünsche zu tun hat, sondern aus sich selbst heraus entsteht?
- Wie stellst du dir das Paradies auf Erden vor? Wann und wo hast du es schon einmal erlebt? Hast du es als dein Zuhause empfunden?
- Erfährst du dich als Teil des großen Ganzen? Hast du schon einmal erfahren, dass das Universum auf natürliche Weise für dich sorgt?
- Oder fühlst du dich eher von der Existenz getrennt? Ist dir die Vorstellung, dich als Individuum im Einssein aufzulösen, unangenehm?
- Fühlst du dich manchmal vertrieben aus dem Paradies? Wo kommst du dir fremd vor? Wo fühlst du dich isoliert und ganz allein? Kennst du das Gefühl: hier gehöre ich nicht hin, so als wärest du versehentlich auf diesem Planeten gelandet?

Göttliche Liebe

Göttliche Liebe ist kein Gefühl, das kommt und geht. Es ist ein Zustand, in dem Herzenswärme, Mitgefühl und Akzeptanz überfließen wie bei einem reich gefüllten Kelch. Diese Liebe ist nicht auf Einzelne beschränkt, sondern schließt alle Wesen mit ein. Sie gleicht einer frisch erblühten Blume, die großzügig ihren Duft verschenkt. Über die göttliche Liebe fühlen wir uns mit der Schöpfung verbunden, wir nehmen die Welt mit staunenden Augen wahr und erkennen ihre Schönheit. Göttliche Liebe transformiert. Sie bezieht alles mit ein und wandelt es zum Guten, heilt unsere Wunden und überwindet alle Grenzen. Diese Liebe erleben wir in der Begegnung mit besonderen Menschen und auch wenn wir uns nach innen wenden und Zugang finden zu unserem Wesenskern, wo diese Liebe wohnt.

Erforschung

- Hast du dich schon einmal in göttliche Liebe gehüllt gefühlt? Hast du Momente erlebt, in denen du dich von der Existenz angenommen gefühlt hast? Wenn ja, ist dieses Gefühl etwas Natürliches in deinem Leben oder stellt es sich in besonderen Sternstunden ein?
- Bist du schon einmal einem Menschen begegnet, der diese Liebe verkörpert hat? Wie hast du diese Liebe erkannt? Hast du sie in deinem Herzen gespürt? Hast du dich in Licht und Wärme eingehüllt gefühlt? Hast du sie in den Augen gesehen? Hast du sie in einer tantrischen Liebesmeditation erlebt?
- Wann fällt es dir leicht, die Präsenz göttlicher Energie wahrzunehmen? Vielleicht im Gesang eines Vogel oder beim Anblick einer Sommerwiese?

Über die Autoren

Sakina K. Sievers und Nirgun W. Loh sind Autoren zahlreicher Bücher zu den taoistischen Fünf Elementen, zu Shiatsu, Akupressur und Do-In, die inzwischen als Standardwerke in vielen körpertherapeutischen Fachausbildungen empfohlen wer den. Leicht verständlich und anschaulich geschrieben, erfreuen sich ihre fundierten Bücher darüber hinaus immer größerer Beliebtheit bei interessierten Laien.

Gemeinsam leiten sie das ShenDo Institut und unterrichten Shiatsu und Akupressur. In ihrem wunderschönen Seminarhaus in Stellshagen nahe der Ostsee bieten sie Kurse für Gesundheit und Lebensfreude sowie Meditationsretreats an. Sie haben während ihrer langjährigen Aufenthalte in Indien östliche Heilmethoden studiert. Nirgun arbeitet seit vielen Jahren als Heilpraktiker mit Schwerpunkt Shiatsu und Chinesische Medizin.

Informationen über die Seminare des ShenDo Instituts:
www.shendo-ostsee.de

Bhagwati U. Siegmann ist Diplompsychologin und hat bereits während des Studiums begonnen, sich in die zwölf Tierkreiszeichen zu vertiefen. Seitdem legt sie ihren Beratungen die astrologische Charakterkunde zugrunde.

»Unter der Anleitung von Sakina habe ich im ShenDo-Haus die Selbsterforschung kennengelernt. Die gemeinsame Freude an psychologischer Arbeit und visueller Gestaltung – und nicht zuletzt unsere Nachbarschaft – hat uns drei in diesem Buch zusammengeführt.«